BEI GRIN MACHT SICH IHR WISSEN BEZAHLT

- Wir veröffentlichen Ihre Hausarbeit,
  Bachelor- und Masterarbeit

- Ihr eigenes eBook und Buch -
  weltweit in allen wichtigen Shops

- Verdienen Sie an jedem Verkauf

Jetzt bei www.GRIN.com hochladen
und kostenlos publizieren

GRIN

Multikulturalität in Mexiko. Dargestellt anhand der INALI und mexikanischen Regierung

Andrea Santos

Bibliografische Information der Deutschen Nationalbibliothek:

Die Deutsche Nationalbibliothek verzeichnet diese Publikation in der Deutschen Nationalbibliografie; detaillierte bibliografische Daten sind im Internet über http://dnb.d-nb.de abrufbar.

ISBN: 9783346325945
Dieses Buch ist auch als E-Book erhältlich.

Druck und Bindung: Books on Demand GmbH, Norderstedt Germany
Gedruckt auf säurefreiem Papier aus verantwortungsvollen Quellen

Das vorliegende Werk wurde sorgfältig erarbeitet. Dennoch übernehmen Autoren und Verlag für die Richtigkeit von Angaben, Hinweisen, Links und Ratschlägen sowie eventuelle Druckfehler keine Haftung.

Das Buch bei GRIN: https://www.grin.com/document/956379

1. Einleitung

„La protección y promoción de la diversidad lingüística es una labor que nos interesa y que es responsabilidad de todos". Dieses Statement seitens der INALI (Instituto Nacional de Lenguas Indígenas) zeigt, dass der Mehrsprachigkeitskontext in Mexiko nicht nur regional oder national, sondern transnational von Bedeutung ist. Die ‚lenguas ancestrales' gelten als menschliches, kulturelles und linguistisches Erbe.

Außerdem hat jeder Mensch das Recht darauf, in allen Lebensbereichen, seine Sprache verwenden zu dürfen und zu können, vor allem auch das Recht auf ein bilinguales und bikulturelles Bildungssystem. Zumindest gilt das offiziell seit der Erlassung der Ley General de Derechos Lingüísticos de los Pueblos Indígenas im Jahre 2003, allerdings sieht die Realität noch etwas anders aus.

Die bisher repressiven asymmetrischen Machtverhältnisse und die Homogenisierung der Kultur und Sprache haben einen enormen Sprachrückgang hervor gerufen und zur Akkulturation und Adaption seitens der indigenen Bevölkerung an die dominante Kultur, geführt, was durch durch die Globalisierung noch zusätzlich forciert wird. Dieser Verlust der ethnischen Kulturen und Sprachen weist die Dringlichkeit der sozialen und politischen Stärkung des Sprachbewusstseins, als auch von nachhaltigen Revitalisierungsmaßnahmen. In den letzten 30 Jahren gab es jedoch die Tendenz der sprachlichen und kulturellen Wiederbelebung. Es wurde immer wieder versucht die Forderungen der indigenen Bevölkerung durchzusetzen, allerdings gab es viele Rückschläge.

Jedoch könnte das Zeitalter der Informations- und Kommunikationstechnologien eine gute Möglichkeit sein, um die 68 offiziellen Nationalsprachen mittels Digitalisierung zu erhalten und den Sprachgebrauch zu fördern.

Fraglich bleibt jedoch, inwiefern das Internet die Mehrsprachigkeitssituation widerspiegelt und, ob die Domäne des Internets bei der Revitalisierung und Verbreitung der indigenen Sprachen hilfreich sein könnte.

Diese Arbeite beschäftigt sich daher mit dem Versuch der problematischen (sozialen und bildungspolitischen) Darstellung des multikulturellen Kontexts Mexikos anhand der offiziellen Internetseiten der INALI und der mexikanischen Regierung.

2. Hintergrundinformationen zum multikulturellen Mexiko

Obwohl Spanisch die offizielle Sprache ist, weist Mexiko eine große kulturelle und sprachliche Diversität mit offiziell 68 Sprachen aus 11 Sprachfamilien auf, die sich in 364 Varietäten unterteilen lassen (cf.: Montemayor 2017:25).

Diese sprachlich-kulturelle Heterogenität lässt sich bereits vor der Kolonisierung aufweisen, welche durch konstante Kulturkontakte geprägt gewesen ist und oftmals zu kommunikativen Herausforderungen geführt hat. Allerdings wurden die diversen indigenen Kulturen und Sprachen durch den plötzlichen Sprachkontakt mit der westlichen Kultur radikal transformiert, was einen massiven „linguicide" (Dorian, Nancy C.: Small languages & small communities, S. 185) und die unidirektionale forcierte Assimilation mit sich brachte. Ab dem 19. Jahrhundert kam das Konzept des Nationalstaates als Zeichen eines modernen starken Staates in der westlichen Welt auf, welches die sprachliche, kulturelle und religiöse Homogenisierung und Uniformität eines determinierten territorialen Gebiets anvisiert. Die Sprach- und Sprachbildungspolitik wurde dahingehend angepasst und das Spanische wurde damit offiziell zur dominierenden ‚High-variety'. Die Weltwirtschaftskrise in 1982 gab den Impuls zum Versuch der Dezentralisierung der ausgedehnten Bildungsbürokratie. In 1992 gab es eine verfassungsrechtliche Änderung, die den plurikulturellen Charakter Mexikos von da an anerkennt, was eine wichtige symbolische Bedeutung hat für die indigene Bevölkerung. Seit der Erlassung der ‚General Law on Linguistic Rights of the Indigenous People' 2003 wird die Koexistenz der Sprachen offiziell anerkannt und geschützt.

Allerdings gibt es heutzutage immer noch einen graduellen Sprachverlust aufgrund der politischen, ökonomischen und sozialen Dominanz des Spanischen und „ein beachtlicher Anteil der mexikanischen indigenen Sprachen ist in seiner Existenz bedroht" (Montemayor 2017:25). Auch der sogenannte „inherited colonialism" (S. 186) bringt Diskriminierung, Selbsthass und Identitätsverlust mit sich, was die Akkulturation fast obligatorisch macht. Der Großteil der Bevölkerung integriert sich und adaptiert das prestigebeladene Spanische aufgrund der mit den indigenen Sprachen assoziierten Stigmatisierung und Marginalisierung. Auch Faktoren wie die soziale Dislokation, Mischehen, usw. verstärken die Sprachselektion und das Aussterben.

Mittlerweile werden indigene Sprachen zumindest offiziell laut Papier konstitutionell anerkannt, was zu einer komplexen Sprachpolitik geführt hat. Ziel der mexikanischen ethnischen Sprachpolitik ist die Integration der mexikanischen Minoritäten in die breite Masse und die Implementierung der Gesetze. Es wird zumindest im Bildungssystem eine ethnische Wiederbelebung angestrebt und die sprachliche plurikulturelle Heterogenität wird gefördert, was zu einer tendenziellen Sprachverschiebung führt und somit auch die Attitüden und allgemein das Sprachbewusstsein affektiert. Folglich wird die mexikanische Identität neudefiniert und -zusammengesetzt. Die Kulturen und Sprachen sollen reproduziert werden, es wird sich weg bewegt vom europäischen Modell der nationalen Einheit hin zu einem authentischen und multikulturellen Modell der mexikanischen Nationalität, was die Umkehrung der ‚Kastilisierung' zur Folge hat. Es wird sowohl Respekt und Toleranz gegenüber allen indigenen Sprachen, als auch die Implementierung indigener sprachlicher, kultureller und bildungspolitischer Rechte gefordert. Das impliziert die Etablierung eines bilingualen und bikulturellen Bildungssystems und somit die Entwicklung von Lehrmaterialien. Auch auf der Neuausrichtung und –Organisation von indigenen nationalen Institutionen wie die INALI (früher INI) wird insistiert, um aktiver an der Politik partizipieren zu können und, um eine autonome Arbeiterselbstverwaltung und das Selbstbestimmungsrecht zu ermöglichen (vgl., Mexikos indigene Stimmen S.203/204). Auch wenn diese anvisierten Ziele nicht (alle) erreicht worden sind, hat diese Indigene Bewegung jedoch eine wichtige kollektive, symbolische und identitätsstiftende Bedeutung. Auch sind dadurch wichtige Netzwerke entstanden, die die interne Kommunikation, Interaktion und Koordination gestärkt haben.

Das Resultat ist eine instabile gesellschaftliche Diglossie-Situation, die mit unterschiedlichen bilingualen Sprachkompetenz und „vielfältigen Formen des Sprachkontakts und der Sprachmischung auf individueller Ebene einhergehen" (Montemayor 2017:25).

2.1 Probleme und Lösungsvorschläge

Da sich u.a. der Etablierungsprozess immer noch im Anfangsstadium befindet und Schulen Institutionen usw. von staatlichen Subventionen abhängen, ist die Implementierung der Gesetze problematisch. Es mangelt auch an menschlichen Ressourcen, klar umfassten Zielen und an politischer Autonomie. Da Mexiko ein zentrales, föderalistisches und hierarchisches Bildungssystem hat, lässt die bildungssprachliche Infrastruktur in der ruralen Peripherie sehr zu wünschen übrig, während das urbane Zentrum viel machtvoller ist. Die traditionellen Sprachen werden von der imperialen Nationalsprache in die Randgebiete zurück gedrängt. Außerdem wird die indigene Minorität oftmals im Prozess der Legislative und Executive außen vor gelassen.

Die Erweiterung der Lehrmaterialien und des bikulturellen und bilingualen Lehrplans bis einschließlich der Sekundarstufe ist daher unumgänglich. Auch sind genügend materielle und menschliche Ressourcen zur Festhaltung der Sprache erforderlich, um die dessen Kontinuität zu sichern. Das Interesse und das Engagement der jeweiligen Sprachgemeinschaft an der Etablierung oder allgemein das Überleben einer Sprache ist ebenfalls grundlegend. Die Interakteure sollten in der Lage sein selbstständig mit effektiven Methoden Projekte zu organisieren, pädagogische Fähigkeiten besitzen. Allerdings überwiegen die Nachteile und die Koexistenz und das Weiterleben einer Sprache lassen sich nicht einfach durch das bloße Interesse der Sprachgemeinschaft und den nur schwer durchsetzbaren Gesetzen ermöglichen.

Ziel ist die Dezentralisierung des föderalistischen Systems. Es wird versucht, die Minoritätensprache in möglichst allen Domänen durchzusetzen und damit die Anwendungsbereiche der Domänen zu erweitern. Auch sollten die sozialen Beziehungen und die Interaktion zwischen den ethnischen Gruppen und der Nation bzw. Regierung neu arrangiert werden. Ausschlaggebend ist auch die Partizipation und Organisation der jeweiligen ‚comunidades', um den Wunsch nach Selbstbestimmung und das Ziel der ‚Autogestión'-Politik erfolgreich ausführen zu können. Ein weiterer ausschlaggebender Faktor für die Etablierung der indigenen Sprachen in der Gesellschaft ist die gegenseitige Toleranz und der Respekt gegenüber den diversen Sprachen, Kulturen, Identitäten und Religionen.

Fraglich ist in der heutigen Zeit, ob die Domäne des Internets einen virtuellen Ausgleich zu den vielfachen spanischdominierte Domänen darstellen könnte und inwiefern das Internet die politische und soziale Mehrsprachigkeitssituation Mexikos und aufkommende Tendenzen wiedergibt.

3. Bilingualismus und Multilingualismus

Bilingualismus wird als „variables, weitverbreitetes und multidimensionales Konzept verstanden" (Montemayor 2017:15.) und bezeichnet generell die Beherrschung von zwei Sprachen, dabei variiert meistens die Sprachkompetenz von einer zur anderen Sprache. Heute wird die Mehrsprachigkeit positiv konnotiert, im Gegensatz zu früher, nach dem „Einsprachigkeit der natürliche gottgewollte und/ oder politische legitime Zustand des Menschen sei. Der ⟨ideale⟩ Mensch ist einsprachig" (Montemayor 2017:15).

Einen Sprecher als bi- oder multilingual zu kategorisieren ist problematisch, da das Konzept des Multilingualismus von seiner „Sprachkompetenz und Performanz abhängt" (Montemayor 2017:15). „Funktional mehrsprachig ist, ≪wer sich irgendwann in seinem Leben im Alltag regelmäßig zweier oder mehrerer Sprachvarietäten bedient und auch von der einen in die andere wechseln kann, wenn dies die Umstände erfordern machen, aber unabhängig von der Symmetrie der Sprachkompetenz, von der Erwerbsmodalitäten und von der Distanz zwischen den beteiligten Sprachen≫" (Montemayor 2017:16).

Es wird dabei zwischen institutioneller, individueller und gesellschaftlicher Mehrsprachigkeit differenziert, welche eine Interdependenz aufweisen, da sich der individuelle Mensch in der Regel seiner sozialen Umwelt, also der Majorität, adaptiert.

Die individuelle Mehrsprachigkeit wird im sozialen (z.B. Schule) oder familiären, also privatem, Umfeld erworben. Diese kann unterschiedliche Formen annehmen, meistens in Abhängigkeit zur Kongruenz und sozioökonomischen Stellung (Ideolekt, Soziolekt, Regiolekt) (cf.: Montemayor 2017:16). Es gibt eine Vielzahl von Faktoren, welche die individuelle Mehrsprachigkeit beeinflussen, u.a. die „geografische Mobilität" (Montemayor 2017:16), die Urbanisierung, etc.

Eine Institution, Verwaltung oder Regierung ist mehrsprachig, wenn sie ihre Dienste in mehreren Sprachen anbietet (cf.: Montemayor 2017:17.). Durch die Globalisierung und Modernisierung (vor allem die Digitalisierung) wird viel mehr auf die Sprachbedrohung und die Notwendigkeit der Bewusstseinsstärkung und Revitalisierung hingewiesen, da kulturelle und sprachliche Diversität verloren geht als menschliches Erbe. Viele internationale Organisationen wie die INALI oder UNESCO unterstützen und engagieren sich für die Durchsetzung indigener

Rechte und Forderungen. Gerade diese forcieren die Verabschiedung der Gesetze und geben die entscheidenden Impulse für deren Durchsetzung.

Bei gesellschaftlicher Mehrsprachigkeit koexistieren mehrere Sprachen in einem determiniertem Territorium, wobei diese in der Regel durch ein hierarchisches Dominanzverhältnis in Bezug auf die Funktionalität und den Gebrauch der Sprachen markiert ist. Diese funktionale Aufteilung ist abhängig von der sozialen Stellung der Sprache, also dem Prestige oder der Stigmatisierung.

Bei der institutionellen Mehrsprachigkeit bieten verschiedene Institutionen ihre Dienste auf verschiedenen Sprachen an.

3.1 Funktionen der Sprache: Fishmans Domäne Theorie

Im Gegensatz zur dominanten Sprache, die meistens praktisch alle Domänen des öffentlichen Lebens (Verwaltung, Bildungssystem, usw.) okkupiert, wird die traditionelle Minoritätensprache in der Familie und in der regionalen Gemeinde zurück gedrängt (cf.: Montemayor 2017:20).

Fishman unterbreitet die Domäne Theorie, die besagt dass „if a strict domain separation becomes institutionalized so that each language is associated with a number of important but distinct domains, bilingualism may well become both universal and stabilized even though an entire population

consists of bilinguals interacting with bilinguals" (Tsunoda 2005:15).

Ein stabiler Bilingualismus und die funktionelle Separation der Domänen bilden also das Fundament für den Spracherhalt.

Ein stabiler Bilingualismus setzt ein relativ große Sprechergruppe und einen höheren Prestigestatus beider Sprache voraus, oft in einer diglossischen Situation. Die dominante „high prestige functions" Sprache wird für offizielle, verwaltungstechnische und kirchliche Zwecke genutzt, die dominierte „low Prestige functions" Sprache für private Zwecke (Grinevald/Bert 2011:15).

Die funktionale und räumliche Verteilung der Sprache beeinflusst die komplementäre Selektion des Codes und das Alternieren zwischen den Sprachen. Daraus resultieren verschiedene Sprachverhaltensdomänen. Diese werden mit den jeweiligen Sprachen assoziiert (cf.: Grinevald/Bert 2011:16). Domänen „sind nach Fishman (1972a, 451) Konstrukte höherer Ordnung die von konkreten sozialen Situationen abstrahieren, gleichzeitig aber mit ihnen in Beziehung steht. [...] [Mithilfe der Domäne sollten] die größeren institutionellen Rollenkontexte [definiert werden] in denen die komplementären

Sprachgebrauchsmuster einer diglossischen Gesellschaft lokalisiert sind." Grinevald/Bert 2011:17).

Die Rollenbeziehungen, die Intentionen, gesellschaftlichen Normen, Instrumentalität (verschiedenen linguistische Varietäten und Kanäle) und miteinhergehend die Kongruenz (soziokulturelle spatio-temporale Situation) der jeweiligen Interakteure determinieren die Code-Selektion der Sprecher.

Da die L-Variety meistens weder kodifiziert und standardisiert ist noch einen offiziellen privilegierten Status genießt, erfolgt eine „Hierarchisierung der sprachlichen Wertzuweisungen." (Grinevald/Bert 2011:18)

3.2 Bi- und multilingualer Diglossiebegriff

Der Terminus Diglossie wurde von Ferguson in der Soziolinguistik eingeführt und beschreibt Kontaktsituationen, in denen zwei Dialekte derselben Sprache eine funktionale Aufteilung erfahren, d.h. „unterschiedliche soziale Funktionen erfüllt" (Montemayor 2017:18).

Fishman hat das Konzept Fergusons modifiziert und expandiert auf bi- und multilinguale Kontexte, in denen auch genetisch nicht verwandte Sprachen koexistieren und verschiedene Funktionen erfüllen (cf.: Montemayor 2017:18). Er „definiert Diglossie als die gesellschaftliche Dimension der Zweisprachigkeit" (Grinevald/Bert 2011:22).

So hat er ein Vierfelderschema etabliert und den Terminus „Bilinguismus als psychologische im Individuum verankerte Kategorie dem Konzept der Diglossie als gesellschaftliche Dimension der Zweisprachigkeit gegenübergestellt" (Montemayor 2017:18f.).

Bilinguismus mit Diglossie liegt vor, wenn ein beachtlicher Teil der Bevölkerung bilingual ist und es eine „klare institutionelle Regelung für die unterschiedlichen Gebrauchsdomänen" (Montemayor 2017:19.) gibt.

Es liegt Bilinguismus ohne Diglossie vor, wenn es einen plötzlichen Sprachkontakt gibt aufgrund von Migrationsbewegungen oder eines „raschen sozialen Wandels" (Montemayor 2017:19.) und die Mitglieder der Sprachgemeinschaft de facto bilingual sind ohne, dass die Sprachgebrauchsdomänen aufgeteilt oder rechtlich implementiert sind.

Diglossie ohne Bilinguismus findet in Kontaktsituationen   statt, in denen „Sprachen unter politischer Steuerung nach dem Territorialprinzip verteilt sind" (Montemayor 2017:19.), die Mehrheit der Bevölkerung jedoch die L-Varietät erworben hat und verwendet. Hier findet sich lediglich individuelle Zweisprachigkeit wieder.

Sprachsituationen ohne Präsenz von Diglossie und Bilinguismus sind sehr rar und meint Gesellschaften, die „sprachlich strikt homogen sind" (Montemayor 2017:19.), welche heute faste inexistent sind aufgrund von globalen Phänomenen wie Migration, Globalisierung, Urbanisierung, Modernisierung usw.

In der Regel sind Kontaktsituationen die Bilinguismus und Diglossie involvieren problematisch, da diese dynamisch, instabil und daher schwer zu erfassen sind. Dieses asymmetrische Verhältnis führt oft zu Konflikten und einem vorübergehenden Bilinguismus, da bestimmte Gruppen die lokale Sprache favorisieren und erhalten , während andere diese aufgeben. Die oben genannten Konstellationen sind „Idealtypen" (Montemayor 2017:19.) und können sich in der Praxis anders manifestieren. Häufig gibt es eine „rückläufige funktionale Verwendung" (Montemayor 2017:20.) der L-Varietät, was in einer „Monolingualisierung" (Montemayor 2017:20.) der Sprecher resultieren kann.

Allerdings ist die neue Domäne des Internets in der Lage andere Medien und Domänen zu affektieren, wenn die Präsenz der Sprache groß genug ist. Dies gelingt, da die Domäne des Internets mittlerweile gegenüber vielen anderen dominiert.

4. Analyse der Mehrsprachigkeitssituation anhand ausgewählter Internetseiten

Im folgenden Teil analysiere ich diverse Artikel, die von der offiziellen Website der INALI und der offiziellen Seite der mexikanischen Regierung, die miteinander via Hyperlinks verlinkt sind (und die auch die gleiche Endung haben: gob.mx), veröffentlicht wurden. Die Artikel sind alle kulturell ausgelegt und stellen Aktivitäten, Museen, Events, Geschichte und vieles mehr vor.

Die folgende Analyse arbeitet die verschiedenen kulturellen und soziolinguistischen Merkmale und Tendenzen raus, die anhand der Gestaltung und Darstellung der Website und der Artikel abgeleitet werden können. Die Websites sind so gestaltet, dass die neusten Artikel, Events, Meldungen oder ähnliches auf der Startseite aufzufinden sind.

4.1 Offizielle Website der Mexikanischen Regierung

Der folgenden Abschnitt behandelt die Analyse zweier Artikel auf der offiziellen Seite der mexikanischen Regierung.

Allgemein befassen sich vergleichsweise wenige Artikel mit indigenistischen Themen. Hier dominiert stark die spanische Kultur und Sprache, was die Realität widerspiegelt. Die multikulturellen Themen werden zwischendurch eingeschoben.

4.1.1 „Qué tanto sabes del Códice Maya?"

(Quelle: https://www.gob.mx/cultura/articulos/codice-maya?idiom=es)

In dem Artikel werden neu erlangte Informationen zur Hochkultur der Maya preis gegeben beziehungsweise es wird in die Thematik eingeführt mithilfe von Text und Bild. Die Geschichte wird dabei instrumentalisiert, da die gemeinsamen Wurzeln der Mexikaner das Gruppenzugehörigkeitsgefühl steigert und eine identitätsstiftende Wirkung hat. Mit der Promotion der indigenen Geschichte und Kultur wird das allgemeine Bewusstsein der Kulturen geweckt und den sprachlichen Minderheiten wird Prestige verliehen. Das kulturelle und sprachliche Erbe wird vorgestellt. Dabei ist die Kommunikationssprache und Lingua Franca das dominante Spanisch. Die Überschrift in Form einer Frage wirkt schon direkt wie eine einladende Interaktion mit dem individuellen Leser, sie verwickelt den

Leser automatisch in eine Art Dialog ein. Dieser kommunikative Stil fordert den Leser zu einer Handlung oder einer ‚Antwort' auf.

Außerdem werden die jeweils zuständige Website und Projektverantwortlichen verlinkt, um den Lesern genauere Informationen zur Verfügung zu stellen. Auch besteht die Möglichkeit die Artikel direkt auf sozialen Medien zu teilen.

4.1.2 „Sabías que en México hay 68 lenguas indígenas además del español?"

(Quelle: https://www.gob.mx/cultura/es/articulos/lenguas-indigenas?idiom=es)

Im Jahre 1999 verkündet die UNESCO den 21. Februar als den Día Nacional de la Lengua Materna, um an die circa 7000 Sprachen auf der Welt zu gedenken, von denen 50 Prozent gefährdet sind.

In dem Artikel wird betont, dass es 69 Nationalsprachen gibt mit dem Spanischen und, dass sich mehr als 25 Millionen Menschen mit einer dieser indigenen Kulturen identifizieren und sich als Nachfahren anerkennen. Von diesen 25 Millionen sprechen 7 Millionen Menschen eine oder mehrere Minoritätensprachen.

Es werden weitere allgemeine Informationen über die 11 Sprachfamilien und 364 Varietäten gegeben und verschiedene Termini werden erklärt. Allerdings bleibt es bei der groben oberflächlichen Informationsvergabe, es wird nicht auf nähere sprachliche oder kulturelle Phänomene eingegangen oder auf die Forderungen der indigenen Bevölkerung. Auch werden die grausame Vergangenheit und die Gründe des Sprachrückgangs nicht erläutert. Alles bleibt sehr sachlich. Es wird ebenfalls nicht wirklich auf die politische oder soziale Situation der indigenen Bevölkerung hingewiesen.

4.1.3 „Día de los Muertos"

(Quelle: https://www.gob.mx/presidencia/articulos/sabias-que-el-dia-de-muertos-es-patrimonio-cultural-inmaterial-de-la-humanidad?hootPostID=93c34347ae0397fe277a9367072ec771)

Bei diesem wichtigen mexikanischen Feiertag handelt es sich, um einen Synkretismus oder der Verschmelzung zwischen christlich-katholischem und indigenen Volksglauben und Traditionen. Insbesondere bei dieser Veranstaltung wird deutlich, dass versucht wird die Vermischung (,Mestizaje') der Kulturen propagiert wird. Denn nur mithilfe des Spanischen kann das Überleben und die Etablierung und das Erlernen der indigenen Sprachen gesichert werden. Auch hier wird die Vermischung der Traditionen instrumentalisiert, sodass jeder Mexikaner sich eingebunden fühlt und sich damit identifiziert.

Die Künstler widmen ihre Arbeit den Kindern, da „danza y teátro serán los espacios en donde niñas, niños y jóvenes podrán crear y expresar respecto del ciclo de vida y muerte, a tráves de talleres de lectura en alta voz, música, lengua de señas, artes plásticas, tejido, bordado, ciencia y escritura" (Presidencia de la Republica: https://www.gob.mx/presidencia/articulos/sabias-que-el-dia-de-muertos-es-patrimonio-cultural-inmaterial-de-la-humanidad? hootPostID=93c34347ae0397fe277a9367072ec771 [Stand: 20.10.18]).

Diese langjährige Tradition ist ebenfalls familienzentriert und verbunden mit kulturtypischen Elementen wie Tanz und Musik, wie es auch in einheimischen Gemeinschaften üblich ist.

4.2 Offizielle Website der INALI

Die Seite der INALI ist zwar sehr seriös gestaltet, allerdings lassen sich kulturtypische Elemente und Muster erkennen, die das Webdesign schmücken. Die folgenden Artikel (und ach allgemein fast alle Artikel auf der Website) behandeln wichtige soziale und (bildungs-)politische sensible Angelegenheiten, die fast ausschließlich die indigene Bevölkerung angehen, was als eine Kompensation angesehen werden kann. Die INALI setzt sich für verschiedene elementare Forderungen ein. Sie handelt transparent: jede Forderung und jeder Fortschritt wird auf der Website geteilt und dokumentiert.

4.2.1 „Prontuarios de frases de cortesía en lenguas indígenas"
(Quelle: https://site.inali.gob.mx/Micrositios/Prontuarios/index.html)
Dieser Artikel trägt zur dauerhaften Erhaltung in Form der Digitalisierung und Dokumentation der indigenen Sprachen, da sie linguistisches und historisches

Erbe und Wissen darstellen und beinhalten. Auch wird der Stolz gegenüber der Mehrsprachigkeit und der plurikulturellen Identität Mexikos deutlich.

Es werden sogenannte ‚prontuarios' auf verschiedenen Sprachen von der INALI erstellt, die Höflichkeitsfloskeln beinhalten, wie „saludos, mensajes de bienvenida y de despedida". Es wird versucht in die Sprachen mit grundlegenden kulturtypischen Ausdrücken und Redewendungen einzuführen, sodass die grundlegenden alltäglichen Umgangsformen erlernt werden. Diese ‚prontuarios' sind in Form von PDF und als Audios direkt unter dem Beitrag verfügbar.

4.2.2 „Normas de Escritura en Lenguas Indígenas Nacionales"

(Quelle: https://site.inali.gob.mx/Micrositios/normas/index.html; https://site.inali.gob.mx/pdf/convocatoria_INPI/Convocatoria_matlatzinca.pdf)

Die INALI gibt den Impuls zur Implementierung der linguistischen Rechte auf Basis der Ley General de Derechos Lingüísticos de los Pueblos Indígenas und des Artículo 2°. Die Institutionalisierung erfolgt mittels der Normierung, Standardisierung und der Etablierung einheitlicher Rechtschreibreformen, die als offiziell gelten und auf der Website der INALI verfügbar sind. Der offizielle Status soll den mündlichen als auch schriftlichen Sprachgebrauch uneingeschränkt in öffentlichen als auch privaten Domänen forcieren. Der einzige Nachteil ist, dass nur die Nationalsprachen standardisiert sind. Dabei gehen viele Varietäten verloren.

Jede Rechtschreibreform beinhaltet ein unifiziertes Alphabet und einige Grundregeln in verschiedenen Sprachvarianten. Entstanden ist alles durch die kooperative und interdisziplinäre Zusammenarbeit zwischen der Gemeinschaftsbehörde, Übersetzern, der Sprachgemeinschaft, Aktivisten, Institutionen, usw. Diese Materialien sind grundlegend für die Verbreitung der Sprache und für Steigerung des Prestige. Auch die Tatsache, dass die indigenen Sprachen der Modernisierung folgen und in den sozialen Medien präsent sind, widerspricht dem klischeehaften Bild der marginalisierten Sprachen, woraus die Neubewertung, die Erbringung von Respekt und Toleranz, der Einstellungswechsel und die Neuidentifizierung mit der entsprechenden Kultur und Sprache resultiert. Das steigert somit das Interesse (auch allgemein durch die Internetdomäne) gerade bei der jungen Generation, die die wichtigste

Adressatengruppe darstellt, und weckt das allgemeine Sprachbewusstsein und die Notwendigkeit der Sprachrevitalisierung.

In dem Artikel wird deutlich, dass alle Akteure erhebliches Interesse an der Spracherhaltung und Engagement zeigen. Es wird für die Promotion und Etablierung der Sprachen in den Domänen gekämpft. Der Artikel fungiert als Appell an die Leser und als Aufruf zur Partizipation.

4.2.3 „Se institucionalizan trámites y servicios traducidos a lenguas indígenas nacionales"

(Quelle: https://www.inali.gob.mx/es/comunicados/683)

Die Kulturministerin gibt am 1. November 2018 den Impuls zur Implementierung der 30 nationalen indigenen Sprachen in Bezug auf Verwaltungsformalitäten wie beispielsweise der Personalausweis, Ehe oder Geburtsurkunden, was über zwei Millionen Menschen zugute kommt. Das ist ebenfalls ein wichtiges statushebender Symbol in der Gleichberechtigung und Promotion des Multilingualismus (wieder auf der Basis der linguistischen Rechte). Ziel ist die vollständige Einführung der verschiedenen Sprachen in möglichst allen (privaten als auch öffentlichen) Domänen des sozialen Lebens und die Gleichheit des Prestige aller Nationalsprachen, was auch die weitere Erweiterung der Lehrmaterialien bedeutet.

4.2.4 „Necesario ampliar la oferta educativa intercultural multilingüe para impulsar los derechos lingüísticos"

(Quelle: https://www.inali.gob.mx/es/comunicados/ 684-2018-11-07-23-14-43.html)

Der Artikel befasst sich mit dem Ziel der parallelen Entwicklung bilingualer Sprachkompetenzen bei Schülern in der Sekundarstufe und der Ausbildung von bilingualen Lehrern und Dozenten. Auch soll die Qualität des Abiturs auf indigenen Sprachen aufgestockt werden in der Zusammenarbeit mit der CSEIIO und anderen Schulen oder Institutionen.

Der Vorstandsvorsitzender der INALI hebt die Notwendigkeit hervor das Bildungsangebot zu erweitern, um die linguistischen Rechte weiter durchsetzen zu können, sodass niemand mehr benachteiligt wird. Mit der Erweiterung der Bildungsmöglichkeiten eröffnen sich auch mehr Arbeitsmöglichkeiten und Zukunftschancen, erst recht in den marginalisierten Randgebieten. Das soll die zukünftige soziale und ökonomische Entwicklung und den Fortschritt der Sprachgemeinschaften sichern.

Die Priorität bleibt dabei die Entwicklung unterkultureller Kompetenzen, um die ethnische Diversität zu erhalten und zu stärken.

4.3 Vergleich und Fazit

Aus den verschiedenen Artikeln der mexikanischen Regierung kann abgeleitet werden, dass versucht wird die indigenen Sprachen im Kontext des Konzeptes des ,Mestizaje' zu revitalisieren und auf eine Assimilierung, Heterogenisierung, Toleranz gegenüber der multikulturellen Identität, Respekt und Gleichsetzung abgezielt wird. Die mexikanische Regierung gibt Impulse zur Stärkung des Bewusstseins der multikulturellen Identität und Steigerung des (vor allem externen) Interesses. Auf die indigene Kultur und Sprache wird allerdings nur bedingt eingegangen. Die Mehrheit der Artikel behandelt andere Themen. Die Adressaten scheint die spanischsprachige Bevölkerung zu sein, da zum anderen auch die Inhalte monolingual sind, bis auf wenige Ausnahmen, Eigennamen und ähnliches. Außerdem fungieren die Artikel eher als Informationsvermittler und zeigen im Gegensatz zur Website der INALI wenig emotional Beteiligung.

Bei der offiziellen Seite der INALI fungiert Spanisch als die dominante Lingua Franca zu Verständigungs- und Kommunikationszwecken, allerdings bietet die Institution ihre Dienste auch auf anderen Sprachen an. Die Verbreitung und Institutionalisierung der indigenen Sprachen und Kulturen steht im Mittelpunkt. Auch wird sich an alle (insbesondere an sich mit indigenen Sprachen identifizierende) Leser appelliert.

Wichtige Dokumente oder Gesetze sind vollständig auf indigenen Sprachen verfasst. Außerdem finden sich auch Hymnen, Kurzgeschichten (sogenannte ,cuentos'), Erzählungen Musik und Lieder, Handbücher, ganze Lektüren, Rechtschreib- und Grammatikbücher und vieles mehr bei den Publikationen in Form von Audios und PDFs wieder. Diese reflektieren die Kulturen der verschiedenen Völker. Hier wird wieder deutlich, dass versucht wird die Sprache in Kombination mit kulturtypischen Elementen möglichst authentisch zu revitalisieren. Auch Projekte, Organisationen, Events, kulturelle Aktivitäten, politische Forderungen, uvm. finden hier ihren Platz. Die Konzentration liegt hier auf möglichst effektiven Revitalisierung der Minoritätssprachen, der Transparenz und der monolinguistischen Tendenz, denn auch in den Spanischen Texten findet sich zum Teil Code-Switching in Form von eingeschobenen indigene Phrasen, Floskeln usw.

Es wird ebenfalls deutlich, dass die Ley General de Derechos Lingüísticos de Pueblos Indígenas oft auftaucht oder darauf verwiesen wird. Die INALI hört Zu eins der nächsten Projekte gehört beispielsweise die Etablierung des bilingualen und bikulturellen Bildungssystem und der Entwicklung der bilingualen Sprachkompetenz, was somit die endgültige offizielle Gleichstellung mit dem Spanischen mit sich bringt.

Auch sind andere wichtige Institutionen oder Organisationen schon auf der Startseite verlinkt, was die Wichtigkeit des Netzwerkes und der kooperativen Zusammenarbeit zeigt.

Die Digitalisierung scheint eine effektive Methode zur Festhaltung der Sprache und Kultur zu sein. Sie stellt eine wichtige materielle Ressource dar, die auch menschliche Ressourcen sparen kann, da die Information dauerhaft gespeichert wird, diese zu jeder Uhrzeit und überall wo es Internetzugang gibt aufrufbar ist und auch die Möglichkeit des Herunterladen und Teilens und der Information oder des Beitrags (u.a. bei sozialen Medien) besteht.. Das einzige Problem besteht darin, dass der Internetzugang in manchen Gebieten immer noch beschränkt ist.

Wie bereits erwähnt, eignet sich die Domäne des Internets besonders gut, um junge Leute zu erreichen. Die Präsenz der Sprachen im Internet, insbesondere in Verbindung mit der offiziellen mexikanischen Seite, hebt deren Status und erleichtert somit die gesellschaftliche und soziale Etablierung. Aus der Koexistenz der Substratsprachen (indigene Sprachen) und der Superstratsprache (Spanisch) resultieren auch viele Mischformen in Form von beispielsweise Varietäten, Slangs oder Ideolekten, Soziolekten oder der Integrierung von Lehnwörtern in die Alltagssprache.

Auch stellt allgemein das Internet und damit verbunden auch Organisationen wie die INALI eine alternative Domäne dar, in der die individuelle Sprache gesprochen bzw. geschrieben werden kann. Das Internet verleiht dem Kollektiv (als auch der individuellen Person) eine gewisse Autonomie und Selbstständigkeit für Organisationen und Institutionen: es erlaubt die interne als auch externe Kommunikation und Interaktion (z.B. in Form von Projektorganisation) und stärkt das Netzwerk. Es werden wichtige Aktionen und Gesetze in die Website gestellt und für alle zugänglich gemacht, sodass jeder die Möglichkeit hat auf dem laufenden zu bleiben. Auch die Organisation von Projekten, Aktivitäten usw. wird erheblich erleichtert durch das Internet. Die Website der INALI bietet ebenfalls die direkte Kontaktaufnahme und die Möglichkeit an, in die Organisation einzusteigen.

Da die INALI wichtige Dokumente in indigenen Sprachen verfasst und veröffentlicht gilt hier die institutionelle Mehrsprachigkeit. Die indigenen Sprachen werden somit nach und nach immer mehr in die öffentlichen Domänen (online also im Internet als auch offline in der Realität) eingeschlossen und durchgesetzt.

Die verschiedenen indigenen Gemeinschaften und die INALI zeigen erhebliches Interesse an der Bewusstmachung, Erhaltung und Verbreitung der Sprache und Kultur. Die institutionelle Mehrsprachigkeit und allgemein das Engagement wirken sich positiv auf die Sprecherzahl aus und haben eine wichtige symbolische Bedeutung.

Da es mittlerweile eine institutionelle Regelung, die ständig weiter entwickelt wird, gibt, könnte man in Mexiko von Diglossie mit Bilingualismus reden. Die ganze Situation ist allerdings noch labil, da sich der Prozess im Anfangsstadium befindet.

5. Schlussbemerkungen

Die Präsenz indigener Sprachen im Internet hat einen hohen symbolischen Wert, da die Sprachen immer weniger mit den alten Klischees konnotiert werden und der Modernisierung folgen. Auch ist das aktive, koordinierende und kooperative Verhalten indigener Organisationen ein Zeichen für immer weitere Fortschritt. Dieses aktive Verhalten und die allmähliche Durchsetzung der Forderungen führt zu immer mehr Anerkennung und wird ebenso in den internen und externen Sprecherattitüden reflektiert. Außerdem wirkt sich das Handeln der Institutionen positiv auf die gesellschaftliche und individuelle Mehrsprachigkeit aus. Allerdings müssen noch einige Herausforderungen und Hindernisse bewältigt werden, um die indigenen Sprachen endgültig in allen öffentlichen Domänen und in der Gesellschaft zu etablieren. Das Internet bietet jedoch die Möglichkeit der autonomen Selbstverwaltung und ermöglicht so nach und nach die Dezentralisierung der Machtverhältnisse. Außerdem gibt das Internet Raum für sogenannte ‚Gegen-Medien‘.

Auch die Standardisierung von Wissen und die Repräsentation werden durch Kommunikationstechnologien erheblich erleichtert. Es bietet ein breites Spektrum an Videos und Lernmaterialien, an denen man anknüpfen kann. Diese sind allerdings zum Teil sehr beschränkt und entsprechen (noch) nicht dem Bildungsstandard. Mithilfe des Internets könnten allerdings die Lehrmaterialien schneller und effektiver entwickelt werden und das Fehlen von bilingualen Lehrern zum Teil kompensieren durch das Veröffentlichen von Unterrichtsvideos beispielsweise.

Das Sprachverhalten auf der Website der Institutionen reflektieren die synchronische Sprachsituation. Das Phänomen des Code-Switchings und die Eingliederung von Entlehnungen oder Lehnwörtern resultieren in einer Konvergenz von Sprachsystemen und führen zur Etablierung von Fremdwörtern in beiden Sprachen. Auch die Forderung eines bikulturellen Bildungssystem zeigt, dass die effektivste Methode zur Revitalisierung der Minoritätssprachen (fürs erste) das Konzept des ‚Mestizaje‘ ist.

6. Literaturverzeichnis

Argente, Joan A. (1996): „ Contactos entre lenguas y sus consecuencias", in: Holtus, Günther/ Metzelin, Michael (eds.): *Lexikon der Romanistischen Linguistik*, Bd. VII, Tübingen, Niemeyer, 1-12.

Canuto Castillo, Felipe: „Las Lenguas Indígenas en el México de hoy: Política y Realidad Lingüísticas". http://web.b.ebscohost.com/ehost/pdfviewer/pdfviewer? vid=5&sid=d8d87069-482c-4e74-9fcf-48811a21f293%40sessionmgr103 [Stand: 20.10.2018].

Cifuentes, Barbara: „Language policy in Mexico". http://web.b.ebscohost.com/ e h o s t / p d f v i e w e r / p d f v i e w e r ? vid=3&sid=d8d87069-482c-4e74-9fcf-48811a21f293%40sessionmgr103 [Stand: 21.10.2018].

Francis, Norbert: „Prospects for indigenous language bilingualism in Mexico". http://web.b.ebscohost.com/ehost/pdfviewer/pdfviewer? vid=4&sid=d8d87069-482c-4e74-9fcf-48811a21f293%40sessionmgr103 [Stand: 22.10.2018].

Grinevald, Colette/Bert, Michel (2011): „Speakers and communities", in: Austin, Peter K./ Sallabank, Julia (eds.): *The Cambridge Handbook of Endangered Languages*. Cambridge , Cambridge University Press, 51-52.

Montemayor, Julia Gracia (2017): „Indigene Sprachen in Mexiko Eine sprecherzentrierte Studie zur Vitalität des yukatekischen Mayas", in: Polzin-Haumann, Claudia/Schweickard, Wolfgang (eds.): *Beihefte zur Zeitschrift für romanische Philologie*, Bd. 418, Berlin, de Gruyter, 13-80.

Sallabank, Julia (2011): „Language policy for endangered languages", in: Austin, Peter K./ Sallabank, Julia (eds.): *The Cambridge Handbook of Endangered Languages*. Cambridge, Cambridge University Press, 277-290.

Analyse (Links)

https://www.gob.mx/cultura/articulos/codice-maya?idiom=es [Stand: 20.10.2018].

https://www.gob.mx/cultura/es/articulos/lenguas-indigenas?idiom=es [Stand: 21.10.2018].

https://www.gob.mx/presidencia/articulos/sabias-que-el-dia-de-muertos-es-patrimonio-cultural-inmaterial-de-la-humanidad? hootPostID=93c34347ae0397fe277a9367072ec771 [Stand: 21.10.2018].

https://site.inali.gob.mx/Micrositios/Prontuarios/index.html [Stand: 22.10.2018].

https://site.inali.gob.mx/pdf/convocatoria_INPI/Convocatoria_matlatzinca.pdf [Stand: 22.10.2018].

https://www.inali.gob.mx/es/comunicados/683 [Stand: 24.10.2018].

https://www.inali.gob.mx/es/comunicados/684-2018-11-07-23-14-43.html [Stand: 25.10.2018].

BEI GRIN MACHT SICH IHR WISSEN BEZAHLT

- Wir veröffentlichen Ihre Hausarbeit,
  Bachelor- und Masterarbeit

- Ihr eigenes eBook und Buch -
  weltweit in allen wichtigen Shops

- Verdienen Sie an jedem Verkauf

**Jetzt bei www.GRIN.com hochladen
und kostenlos publizieren**